Learning Swedish through the Bible: English-Swedish Bible Verse Comparison & Cursive Copybook

Faith Bound Books

Publication: January 31, 2025

E-mail: kumgrin@gmail.com

ISBN: 9798308939610

Learning Swedish through the Bible:

English-Swedish

Bible Verse Comparison &Cursive Copybook

Are you interested in exploring Swedish Bible verses or perhaps looking to learn Swedish? If so, this book is perfect for you. It is designed for those who wish to delve into well-known Bible verses in both Swedish and English, offering a comparative analysis to understand how the verses are translated. We have carefully selected verses that offer wisdom and grace, providing an enriching experience for readers.

It's worth noting that the Swedish Bible used here is the '1917 års kyrkobibel'. While this may result in some differences from modern Swedish, it remains widely accepted as the Swedish Bible, making it suitable for studying Swedish Bible verses despite its archaic style. In the English Bible, the king James version has been utilized. In terms of translation, please be aware that the Swedish and English versions may not always align perfectly.

To enhance the experience for readers, we have provided dedicated spaces (✝) for copying the verses in English and Swedish cursive. This allows readers to engage in Bible transcription while reflecting on the verses. For those with some knowledge of or interest in English and Swedish, this book offers an opportunity to compare famous Bible verses in these languages, enabling a multilingual learning experience.

As such, this book is suitable not only for Swedish-speaking Christians but also for individuals interested in the language, as well as those who seek to engage with the Bible in both Swedish and English.

It is my hope that through this book, many Christians will find grace and discover the beauty of the Swedish Bible.

January 2025

FaithBound Books

Table of contents

Bible Verses About Gratitude --7

Bible Verses About Courage ---------------------------------------26

Bible Verses About Hope ---40

Bible Verses About Life --66

Bible Verses About Love ---96

Bible Verses About Redemption ---------------------------------115

Bible Verses About Faith ---135

Bible Verses About Blessing --------------------------------------171

Bible Verses About Wisdom --------------------------------------181

Bible Verses About Gratitude

⋆Philippians 4:6-7⋆

6 Be careful for nothing; but in every thing by prayer and supplication with thanksgiving let your requests be made known unto God.

7 And the peace of God, which passeth all understanding, shall keep your hearts and minds through Christ Jesus.

⋆ Filipperbrevet 4:6-7⋆

6 Gören eder intet bekymmer, utan låten i allting edra önskningar bliva kunniga inför Gud, genom åkallan och bön, med tacksägelse.

(Do not be anxious, but in everything, by prayer and supplication, with thanksgiving, let your requests be made known to God.)

7 Så skall Guds frid, som övergår allt förstånd, bevara edra hjärtan och edra tankar, i Kristus Jesus.

(And the peace of God, which surpasses all understanding, will guard your hearts and your minds in Christ Jesus.)

Vocabulary

gören - do

eder - your (plural/formal)

intet - nothing

bekymmer - worry

utan - but

låten - let

i - in

allting - everything

edra - your (plural/formal)

önskningar - wishes

bliva - become

kunniga - known

inför - before

gud - god

genom - through

åkallan - supplication

och - and

bön - prayer

med - with

tacksägelse - thanksgiving

så - so

skall - shall

guds - god's

frid - peace

som - that/which

övergår - surpasses

allt - all

förstånd - understanding

bevara - keep/protect

hjärtan - hearts

tankar - thoughts

kristus - christ

jesus – jesus

✝

6 Be careful for nothing; but
in every thing by prayer and
supplication with
thanksgiving let your requests
be made known unto God.
7 And the peace of God,
which passeth all
understanding, shall keep your
hearts and minds through
Christ Jesus.

6 Gören eder intet bekymmer,
utan låten i allting edra
önskningar bliva kunniga
inför Gud genom åkallan
och bön, med tacksägelse.
7 Så skall Guds frid, som
övergår allt förstånd, bevara
edra hjärtan och edra tankar, i
Kristus Jesus.

Gratitude 2

⋆Colossians 3:17⋆

And whatsoever ye do in word or deed, do all in the name of the Lord Jesus, giving thanks to God and the Father by him.

⋆ Kolosserbrevet 3:17⋆

Och allt, vadhelst I företagen eder i ord eller gärning, gören det allt i Herren Jesu namn och tacken Gud, Fadern, genom honom.

(And whatever you do in word or deed, do it all in the name of the Lord Jesus, giving thanks to God the Father through him.)

Vocabulary

och - and

allt - all

vadhelst - whatever

i - you (plural, subject form)

företagen - undertake

eder - your (plural/formal)

i - in

ord - word

eller - or

gärning - deed

gören - do

det - it

herren - the lord

jesu - jesus'

namn - name

tacken - thank

gud - god

fadern - the father

genom - through

honom - him

✝

And whatsoever ye do in word or deed, do all in the name of the Lord Jesus, giving thanks to God and the Father by him.

Och allt, vadhelst I företagen eder i ord eller gärning, gören det allt i Herren Jesu namn och tacken Gud, Fadern, genom honom.

⋆1 Thessalonians 5:18⋆

In every thing give thanks: for this is the will of God in Christ Jesus concerning you.

⋆1 Thessalonikerbr. 5:18⋆

Tacken Gud i alla livets förhållanden. Ty att I så gören är Guds vilja i Kristus Jesus.

(In every circumstance give thanks to God, for this is the will of God in Christ Jesus.)

Vocabulary

tacken - thank

alla - all

livets - life's

förhållanden - circumstances

ty - for/because

att - that

så - so

gören - do

är - is

vilja - will

i - in

kristus - christ

jesus - jesus

✝

In every thing give thanks: for this is the will of God in Christ Jesus concerning you.

Tacken Gud i alla livets förhållanden. Ty att I så gören är Guds vilja i Kristus Jesus.

Hebrews 12:28-29

28 Wherefore we receiving a kingdom which cannot be moved, let us have grace, whereby we may serve God acceptably with reverence and godly fear:

29 For our God is a consuming fire.

Hebreerbrevet 12:28-29

28 Därför, då vi nu skola undfå ett rike som icke kan bäva, så låtom oss vara tacksamma. På det sättet tjäna vi Gud, honom till behag, med helig fruktan och räddhåga.

(Therefore, since we are receiving a kingdom that cannot be shaken, let us be grateful, so that we may serve God acceptably with reverence and godly fear)

29 Ty »vår Gud är en förtärande eld».

(for "our God is a consuming fire.")

Vocabulary

därför - therefore

då - when

vi - we

nu - now

skola - shall

undfå - receive

ett - a/an

rike - kingdom

som - that/which

icke - not

kan - can

bäva - be shaken

låtom - let us

oss - us

vara - be

tacksamma - thankful

på - on

det - that

sättet - way

tjäna - serve

gud - god

honom - him

till - to

behag - pleasure

med - with

helig - holy

fruktan - fear

och - and

räddhåga - awe/reverence

ty - for/because

vår - our

en - a/an

förtärande - consuming

eld - fire

✝

28 Wherefore we receiving a kingdom which cannot be moved, let us have grace, whereby we may serve God acceptably with reverence and godly fear:

29 For our God is a consuming fire.

28 Därför, då vi nu skola
undfå ett rike som icke kan
bäva, så latom oss vara
tacksamma. På det sättet
tjäna vi Gud, honom till
behag, med helig fruktan och
räddhåga.

29 Ty vår Gud är en
förtärande eld.

⋆1 Corinthians 15:10⋆

But by the grace of God I am what I am: and his grace which was bestowed upon me was not in vain; but I laboured more abundantly than they all: yet not I, but the grace of God which was with me.

⋆1 Korinthierbrevet 15:10⋆

Men genom Guds nåd är jag vad jag är, och hans nåd mot mig har icke varit fåfäng, utan jag har arbetat mer än de alla -- dock icke jag, utan Guds nåd, som har varit med mig.

(But by the grace of God I am what I am, and his grace toward me was not in vain, but I labored more abundantly than they all—yet not I, but the grace of God which was with me.)

Vocabulary

men - but

genom - through

guds - god's

nåd - grace

är - am/is

jag - i

vad - what

och - and

hans - his

mot - toward

har - has

icke - not

varit - been

fåfäng - in vain

utan - but

arbetat - worked

mer - more

än - than

de - they

alla - all

dock - yet

som - who/that

med - with

✝

But by the grace of God I am what I am: and his grace which was bestowed upon me was not in vain:

but I laboured more abundantly than they all: yet not I, but the grace of God which was with me.

Men genom Guds nåd är jag vad jag är, och hans nåd mot mig har icke varit fåfäng, utan jag har arbetat mer än de alla—dock icke jag, utan Guds nåd, som har varit med mig.

Bible Verses About Courage

⋆2 Samuel 10:12⋆

Be of good courage, and let us play the men for our people, and for the cities of our God: and the LORD do that which seemeth him good.

⋆ 2 Samuelsbokem 10:12⋆

Var nu vid gott mod; ja, låt oss visa mod i striden för vårt folk och för vår Guds städer. Sedan må HERREN göra vad honom täckes.

(Now therefore be of good courage, and let us fight valiantly for our people, and for the cities of our God: and the LORD do that which seemeth him good.)

Vocabulary

var - be

nu - now

vid - of/with

gott - good

mod - courage

ja - yes

låt - let

oss - us

visa - show

i - in

striden - the battle

för - for

vårt - our

folk - people

och - and

städer - cities

sedan - then

må - may

herre - lord

göra - do

vad - what

honom - him

täckes – pleases

✝

Be of good courage, and let us play the men for our people, and for the cities of our God: and the LORD do that which seemeth him good.

Var nu vid gott mod; ja, låt oss visa mod i striden för vårt folk och för vår Guds städer. Sedan må HERREN göra vad honom täckes.

⋆Psalms 27:1⋆

The LORD is my light and my salvation; whom shall I fear? the LORD is the strength of my life; of whom shall I be afraid?

⋆Psaltaren 27:1⋆

HERREN är mitt ljus och min frälsning; för vem skulle jag frukta? HERREN är mitt livs värn; för vem skulle jag rädas?

(The LORD is my light and my salvation; whom shall I fear? The LORD is the strength of my life; of whom shall I be afraid?)

Vocabulary

herren - the lord

är - is

mitt - my

ljus - light

och - and

min - my

frälsning - salvation

för - for

vem - whom

skulle - would

jag - i

frukta - fear

livs - life’s

värn - defense

rädas - be afraid

✝

The LORD is my light and my salvation; whom shall I fear? the LORD is the strength of my life; of whom shall I be afraid?

HERREN är mitt ljus och min frälsning; för vem skulle jag frukta? HERREN är mitt livs värn; för vem skulle jag rädas?

Courage 3

⋆Psalms 56:3-4⋆

3 What time I am afraid, I will trust in thee.

4 In God I will praise his word, in God I have put my trust; I will not fear what flesh can do unto me.

⋆ Psaltaren 56:3-4⋆

3 Men när fruktan kommer över mig, sätter jag min förtröstan på dig.

(But when I am afraid, I will put my trust in you.)

4 Med Guds hjälp skall jag få prisa hans ord, på Gud förtröstar jag och skall icke frukta; vad kan det som är kött göra mig?

(In God I will praise his word; in God I will trust and not be afraid. What can flesh do to me?)

Vocabulary

när - when

fruktan - fear

kommer - comes

över - over

mig - me

sätter - put

min - my

förtröstan - trust

på - on

dig - you

med - with

guds - god's

hjälp - help

skall - shall

få - get

prisa - praise

hans - his

ord - word

förtröstar - trust (verb)

och - and

icke - not

vad - what

kan - can

det - that/it

som - that/which

är - is

kött - flesh

göra - do

✝

3 What time I am afraid, I
will trust in thee.
4 In God I will praise his
word, in God I have put
my trust; I will not fear what
flesh can do unto me.

3 Men när fruktan kommer över mig, sätter jag min förtröstan på dig.

4 Med Guds hjälp skall jag få prisa hans ord, på Gud förtröstar jag och skall icke frukta; vad kan det som är kött göra mig?

Courage 4

⋆Psalms 121:1-2⋆

1 I will lift up mine eyes unto the hills, from whence cometh my help.

2 My help cometh from the LORD, which made heaven and earth.

⋆ Psaltaren 121:1-2⋆

1 Jag lyfter mina ögon upp till bergen: varifrån skall min hjälp komma.

(I lift up my eyes to the hills: from where does my help come.)

2 Min hjälp kommer från HERREN, som har gjort himmel och jord.

(My help comes from the LORD, who made heaven and earth.)

Vocabulary

jag - i

lyfter - lift

mina - my

ögon - eyes

upp - up

till - to

bergen - the mountains

varifrån - from where

skall - shall

hjälp - help

komma - come

kommer - comes

från - from

herren - the lord

som - who/that

har - has

gjort - made

himmel - heaven

och - and

jord - earth

✝

1 I will lift up mine eyes unto
the hills, from whence cometh
my help. 2 My help cometh
from the LORD, which
made heaven and earth.

1 Jag lyfter mina ögon upp till
bergen: varifrån skall min hjälp
komma?

2 Min hjälp kommer från
HERREN, som har
gjort himmel och jord.

Bible Verses About Hope

⋆Philippians 2:13⋆

For it is God which worketh in you both to will and to do of his good pleasure.

⋆ Filipperbrevet 2:13⋆

Ty Gud är den som verkar i eder både vilja och gärning, för att hans goda vilja skall ske.

(For it is God who works in you both to will and to do for his good pleasure.)

Vocabulary

Ty – For/Because

Gud – God

är – is

den – the one

som – who

verkar – works

i – in

eder – you (plural)

både – both

vilja – will/desire

och – and

gärning – deed/action

för att – so that

hans – his

goda – good

skall – shall

ske – happen/be done

✝

For it is God which worketh in you both to will and to do of his good pleasure.

Ty Gud är den som verkar i eder både vilja och gärning, för att hans goda vilja skall ske.

⋆Romans 15:13⋆

Now the God of hope fill you with all joy and peace in believing, that ye may abound in hope, through the power of the Holy Ghost.

⋆Romabrevet 15:13⋆

Men hoppets Gud uppfylle eder med all glädje och frid i tron, så att I haven ett överflödande hopp i den helige Andes kraft.

(Now may the God of hope fill you with all joy and peace in believing, so that you may abound in hope by the power of the Holy Spirit.)

Vocabulary

men - but

hoppets - hope's

gud - god

uppfylle - fill

eder - you (plural/formal)

med - with

all - all

glädje - joy

och - and

frid - peace

i - in

tron - faith

så - so

att - that

haven - may have

ett - a

överflödande - overflowing

hopp - hope

den - the

helige - holy

andes - spirit's

kraft - power

✝

Now the God of hope fill you with all joy and peace in believing, that ye may abound in hope, through the power of the Holy Ghost.

Men hoppets Gud uppfylle eder med all glädje och frid i tron, så att I haven ett överflödande hopp i den helige Andes kraft.

⋆Deuteronomy 31:6⋆

Be strong and of a good courage, fear not, nor be afraid of them: for the LORD thy God, he it is that doth go with thee; he will not fail thee, nor forsake thee.

⋆ 5 Mosebok 31:6⋆

Varen frimodiga och oförfärade, frukten icke och varen icke förskräckta för dem; ty HERREN, din Gud, går själv med dig; han skall icke lämna dig eller övergiva dig.

(Be strong and courageous; do not be afraid or terrified because of them, for the Lord your God himself goes with you; he will not leave you nor forsake you.)

Vocabulary

varen - be (imperative)

frimodiga - courageous

och - and

oförfärade - unafraid

frukten - fear (imperative)

icke - not

förskräckta - terrified

för - for

dem - them

ty - for/because

herren - the lord

din - your

gud - god

går - goes

själv - himself

med - with

dig - you

han - he

skall - shall

lämna - leave

eller - or

övergiva - forsake

✝

Be strong and of a good courage, fear not, nor be afraid of them: for the LORD thy God, he it is that doth go with thee; he will not fail thee, nor forsake thee.

Varen frimodiga och oförfärade, frukten icke och varen icke förskräckta för dem; ty HERREN, din Gud, går själv med dig; han skall icke lämna dig eller övergiva dig.

Hope 4

⋆Proverbs 3:5-6⋆

5 Trust in the LORD with all thine heart; and lean not unto thine own understanding.

6 In all thy ways acknowledge him, and he shall direct thy paths.

⋆ Ordspråksboken 3:5-6⋆

5 Förtrösta på HERREN av allt ditt hjärta, och förlita dig icke på ditt förstånd.

(Trust in the LORD with all your heart, and lean not on your own understanding.)

6 På alla dina vägar må du akta på honom, så skall han göra dina stigar jämna.

(In all your ways acknowledge him, and he will make your paths straight.)

Vocabulary

förtrösta - trust

på - on

herren - the lord

av - with/of

allt - all

ditt - your (neuter singular)

hjärta - heart

och - and

förlita - rely

dig - yourself

icke - not

förstånd - understanding

alla - all

dina - your (plural)

vägar - ways

må - may

akta - acknowledge/regard

honom - him

så - so

skall - shall

göra - make

stigar - paths

jämna - straight/smooth

✝

5 Trust in the LORD with
all thine heart; and lean not unto
thine own understanding. 6 In
all thy ways acknowledge him,
and he shall direct thy paths.

5 Förtrösta på
HERREN av allt ditt
hjärta, och förlita dig icke på ditt
förstånd. 6 På alla dina vägar
må du akta på honom, så skall
han göra dina stigar jämna.

Hope 5

⋆Romans 8:24-25⋆

24 For we are saved by hope: but hope that is seen is not hope: for what a man seeth, why doth he yet hope for?

25 But if we hope for that we see not, then do we with patience wait for it.

⋆ Romabrevet 8:24-25⋆

24 Ty i hoppet äro vi frälsta. Men ett hopp som man ser fullbordat är icke mer ett hopp; huru kan någon hoppas det som han redan ser?

(For we are saved in hope. But hope that is seen is not hope; for how can anyone hope for what he already sees?)

25 Om vi nu hoppas på det som vi icke se, så bida vi därefter med ståndaktighet.

(If we hope for what we do not see, we wait for it with patience.)

Vocabulary

ty - for/because

i - in

hoppet - the hope

äro - are

vi - we

frälsta - saved

men - but

ett - a

hopp - hope

som - that/which

man - one/someone

ser - sees

fullbordat - fulfilled/completed

är - is

icke - not

mer - more

huru - how

kan - can

någon - someone

hoppas - hope

det - that/it

han - he

redan - already

om - if

nu - now

på - on

se - see

så - so

bida - wait

därefter - thereafter

med - with

ståndaktighet - steadfastness

✝

24 For we are saved by hope:
but hope that is seen is not hope:
for what a man seeth, why
doth he yet hope for?
25 But if we hope for that we
see not, then do we with
patience wait for it.

24 Ty i hoppet äro vi frälsta.
Men ett hopp som man ser
fullbordat är icke mer ett hopp;
huru kan någon hoppas det
som han redan ser?

25 Om vi nu hoppas på det
som vi icke se, så bida vi därefter
med ståndaktighet.

⊰ —— Hope 6 —— ⊱

⋆Jeremiah 29:11⋆

For I know the thoughts that I think toward you, saith the LORD, thoughts of peace, and not of evil, to give you an expected end.

⋆Jeremia 29:11⋆

Jag vet väl vilka tankar jag har för eder, säger HERREN, nämligen fridens tankar och icke ofärdens, till att giva eder en framtid och ett hopp.

(For I know the thoughts that I think toward you, saith the LORD, thoughts of peace, and not of evil, to give you a future and a hope.)

Vocabulary

jag - i

vet - know

väl - well

vilka - which

tankar - thoughts

har - have

för - for

eder - you (plural/formal)

säger - says

herren - the lord

nämligen - namely

fridens - of peace

och - and

icke - not

ofärdens - of calamity

till - to

att - to

giva - give

en - a

framtid - future

ett - a (neuter)

hopp - hope

✝

For I know the thoughts that I think toward you, saith the LORD, thoughts of peace, and not of evil, to give you an expected end.

Jag vet väl vilka tankar jag har för eder, säger HERREN, nämligen fridens tankar och icke ofärdens, till att giva eder en framtid och ett hopp.

⋆Romans 5:5⋆

And hope maketh not ashamed; because the love of God is shed abroad in our hearts by the Holy Ghost which is given unto us.

⋆ Romabrevet 5:5⋆

och hoppet låter oss icke komma på skam; ty Guds kärlek är utgjuten i våra hjärtan genom den helige Ande, vilken har blivit oss given.

(and hope does not put us to shame, because the love of God has been poured out into our hearts through the Holy Spirit who has been given to us.)

Vocabulary

och - and
hoppet - the hope
låter - lets/allows
oss - us
icke - not
komma - come
på - on
skam - shame
ty - for/because
guds - god's
kärlek - love
är - is

utgjuten - poured out
i - in
våra - our
hjärtan - hearts
genom - through
den - the
helige - holy
ande - spirit
vilken - who/which
har - has
blivit - become/been
given - given

✝

And hope maketh not ashamed; because the love of God is shed abroad in our hearts by the Holy Ghost which is given unto us.

och hoppet låter oss icke komma på skam; ty Guds kärlek är utgjuten i våra hjärtan genom den helige Ande, vilken har blivit oss given.

Revelation 21:4

And God shall wipe away all tears from their eyes; and there shall be no more death, neither sorrow, nor crying, neither shall there be any more pain: for the former things are passed away.

* Uppenbarelseboken 21:4*

och skall avtorka alla tårar från deras ögon. Och döden skall icke mer vara till, och ingen sorg eller klagan eller plåga skall vara mer; ty det som förr var är nu förgånget.

(and will wipe away every tear from their eyes, and death shall be no more, neither shall there be mourning, nor crying, nor pain any more: for the former things are passed away.)

Vocabulary

och - and

skall - shall

avtorka - wipe away

alla - all

tårar - tears

från - from

deras - their

ögon - eyes

döden - death

icke - not

mer - more

vara - be

till - (in this context) exist

ingen - no/none

sorg - sorrow

eller - or

klagan - mourning

plåga - pain

ty - for/because

det - that/it

som - which/that

förr - before/formerly

var - was

nu - now

förgånget - passed away

✝

And God shall wipe away all tears from their eyes; and there shall be no more death, neither sorrow, nor crying, neither shall there be any more pain: for the former things are passed away.

och skall avtorka alla tårar från deras ögon. Och döden skall icke mer vara till, och ingen sorg eller klagan eller plåga skall vara mer; ty det som förr var är nu förgånget.

Bible Verses About Life

⋆Psalms 16:5⋆

The LORD is the portion of mine inheritance and of my cup: thou maintainest my lot.

⋆ Psaltaren 16:5⋆

HERREN är min beskärda del och bägare; du är den som uppehåller min arvedel.

(The LORD is my portion and my cup; you are the one who upholds my inheritance.)

Vocabulary

herren - the lord

är - is

min - my

beskärda - allotted

del - portion

och - and

bägare - cup

du - you

som - who/that

uppehåller - uphold/sustain

arvedel - inheritance/heritage

✝

The LORD is the portion of mine inheritance and of my cup: thou maintainest my lot.

HERREN är min beskärda del och bägare; du är den som uppehåller min arvedel.

⋆Psalms 32:8⋆

I will instruct thee and teach thee in the way which thou shalt go: I will guide thee with mine eye.

⋆ Psaltaren 32:8⋆

Jag vill lära dig och undervisa dig om den väg du skall vandra; jag vill giva dig råd och låta mitt öga vaka över dig..

(I will instruct you and teach you in the way you should go; I will counsel you with my eye upon you.)

Vocabulary

jag - i

vill - want/will

lära - teach

dig - you

undervisa - instruct

om - about/concerning

den - the

väg - way/path

du - you

skall - shall

vandra - walk

giva - give

råd - counsel/advice

låta - let

mitt - my (neuter)

öga - eye

vaka - watch

över - over

✝

I will instruct thee and teach thee in the way which thou shalt go: I will guide thee with mine eye.

Jag vill lära dig och undervisa dig om den väg du skall vandra; jag vill giva dig råd och låta mitt öga vaka över dig.

⋆Romans 8:28⋆

And we know that all things work together for good to them that love God, to them who are the called according to his purpose.

⋆ Romabrevet 8:28⋆

Men vi veta att för dem som älska Gud samverkar allt till det bästa, för dem som äro kallade efter hans rådslut.

(But we know that for those who love God, all things work together for good, for those who are the called according to his purpose.)

Vocabulary

men - but

vi - we

veta - know

att - that

för - for

dem - those/them

som - who/that

älska - love

gud - god

samverkar - works

together

allt - all

till - to

det - the/it

bästa - best

äro - are

kallade - called

efter - according to/after

hans - his

rådslut - purpose/counsel

✝

And we know that all things work together for good to them that love God, to them who are the called according to his purpose.

Men vi veta att för dem som älska Gud samverkar allt till det bästa, för dem som äro kallade efter hans rådslut.

⋆Proverbs 21:21⋆

He that followeth after righteousness and mercy findeth life, righteousness, and honour.

⋆ Ordspråksboken 21:21⋆

Den som far efter rättfärdighet och godhet, han finner liv, rättfärdighet och ära..

(He who pursues righteousness and goodness finds life, righteousness, and honor.)

Vocabulary

den - the/that

som - who/that

far efter - seeks/pursues

rättfärdighet - righteousness

och - and

godhet - goodness

han - he

finner - finds

liv - life

ära - honor/glory

✝

He that followeth after righteousness and mercy findeth life, righteousness and honour.

Den som far efter rättfärdighet och godhet, han finner liv, rättfärdighet och ära.

⋆Colossians 3:23-24⋆

23 And whatsoever ye do, do it heartily, as to the Lord, and not unto men;

24 Knowing that of the Lord ye shall receive the reward of the inheritance: for ye serve the Lord Christ.

⋆Kolosserbrevet 3:23-24⋆

23 Vadhelst I gören, gören det av hjärtat, såsom tjänaden I Herren och icke människor.

(Whatever you do, do it heartily, as to the Lord and not to men.)

24 I veten ju, att I till vedergällning skolen av Herren få eder arvedel; den herre I tjänen är Kristus.

(For you know that from the Lord you will receive the reward of the inheritance; for the Lord you serve is Christ.)

Vocabulary

vadhelst - whatever

i - you (plural)

gören - do

det - it

av - from/of

hjärtat - the heart

såsom - as/like

tjänaden - serve

herren - the lord

och - and

icke - not

människor - people/humans

veten - know

ju - indeed/surely

att - that

till - to

vedergällning - reward/recompense

skolen - shall

få - receive

eder - your (plural/formal)

arvedel - inheritance

den - the

herre - lord/master

tjänen - serve

är - is

kristus - christ

✝

23 And whatsoever ye do,
do it heartily, as to the Lord,
and not unto men;
24 Knowing that of the
Lord ye shall receive the
reward of the inheritance: for
ye serve the Lord Christ.

23 Vadhelst I gören, gören
det av hjärtat, såsom
tjänaden I Herren och icke
människor.

24 I veten ju, att I till
vedergällning skolen av
Herren få eder arvedel; den
herre I tjänen är Kristus.

⋆Ecclesiastes 4:6⋆

Better is an handful with quietness, than both the hands full with travail and vexation of spirit.

⋆ Predikaren 4:6⋆

Ja, bättre är en handfull ro än båda händerna fulla med möda och med jagande efter vind.

(Yes, better is a handful of rest than both hands full of toil and chasing after the wind.)

Vocabulary

ja - yes

bättre - better

är - is

en - a

handfull - handful

ro - rest

än - than

båda - both

händerna - hands

fulla - full

med - with

möda - labor

och - and

jagande - chasing

efter - after

vind - wind

✝

Better is an handful with quietness than both the hands full with travail and vexation of spirit.

Ja, bättre är en handfull ro än båda händerna fulla med möda och med jagande efter vind.

⋆Ecclesiastes 3:1⋆

To every thing there is a season, and a time to every purpose under the heaven:

⋆ Predikaren 3:1⋆

Allting har sin tid, och vart företag under himmelen har sin stund.

(Everything has its time, and every undertaking under heaven has its time.)

Vocabulary

allting - everything

har - has

sin - its

tid - time

och - and

vart - each

företag - task/enterprise

under - under

himmelen - heaven

sin - its

stund - moment/time

✝

To every thing there is a season, and a time to every purpose under the heaven:

Allting har sin tid, och vart företag under himmelen har sin stund.

⋆Ecclesiastes 3:11⋆

He hath made every thing beautiful in his time: also he hath set the world in their heart, so that no man can find out the work that God maketh from the beginning to the end.

⋆ Predikaren 3:11⋆

Allt har han gjort skönt för sin tid, ja, han har ock lagt evigheten i människornas hjärtan, dock så, att de icke förmå att till fullo, ifrån begynnelsen intill änden, fatta det verk som Gud har gjort.

(He has made everything beautiful for its time, yes, he has also put eternity in the hearts of men, yet so that they are unable to fully comprehend, from beginning to end, the work that God has done.)

Vocabulary

allt - everything
har - has
han - he
gjort - done/made
skönt - beautiful
för - for
sin - its
tid - time
ja - yes
ock - also
lagt - laid/put
evigheten - eternity
i - in
människornas - people's
hjärtan - hearts
dock - however
så - so
att - that
de - they
icke - not
förmå - are able
att - to
till fullo - fully
från - from
begynnelsen - beginning
intill - until
änden - the end
fatta - grasp/comprehend
det - it
verk - work
som - that
gud - god
har - has
gjort - done/made

✝

He hath made every thing beautiful in his time: also he hath set the world in their heart, so that no man can find out the work that God maketh from the beginning to the end.

Allt har han gjort skönt för sin tid, ja, han har ock lagt evigheten i människornas hjärtan, dock så, att de icke förmå att till fullo, ifrån begynnelsen intill änden, fatta det verk som Gud har gjort.

⋆Matthew 7:12⋆

Therefore all things whatsoever ye would that men should do to you, do ye even so to them: for this is the law and the prophets.

⋆Matteus 7:12⋆

Därför, allt vad I viljen att människorna skola göra eder, det skolen I ock göra dem; ty detta är lagen och profeterna.

(Therefore, whatever you want men to do to you, do so to them; for this is the law and the prophets.)

Vocabulary

därför - therefore

allt - everything

vad - what

i - you (plural)

viljen - wish/want

att - that/to

människorna - people

skola - shall

göra - do

eder - you (plural/formal)

det - it

skolen - shall

också - also

dem - them

ty - for/because

detta - this

är - is

lagen - the law

och - and

profeterna - the prophets

✝

Therefore all things whatsoever ye would that men should do to you, do ye even so to them: for this is the law and the prophets.

Därför, allt vad I viljen att människorna skola göra eder, det skolen I ock göra dem; ty detta är lagen och profeterna.

Bible Verses About Love

⋆Romans 13:8⋆

Owe no man any thing, but to love one another: for he that loveth another hath fulfilled the law.

⋆Romabrevet 13:8⋆

Varen ingen något skyldiga -- utom när det gäller kärlek till varandra; ty den som älskar sin nästa, han har uppfyllt lagen.

(Owe no one anything, except to love one another; for he who loves his neighbor has fulfilled the law.)

Vocabulary

varen - be (imperative)

ingen - no one/nobody

något - anything

skyldiga - indebted/

utom - except

när - when

det - it

gäller - concerns/applies to

kärlek - love

till - to

varandra - each other

ty - for/because

den - the one

som - who/that

älskar - loves

sin - his/her/its (reflexive)

nästa - neighbor

han - he

har - has

uppfyllt - fulfilled

lagen - the law

✝

Owe no man any thing, but to love one another: for he that loveth another hath fulfilled the law.

Varen ingen något skyldiga utom när det gäller kärlek till varandra; ty den som älskar sin nästa, han har uppfyllt lagen.

⋆John 13:34⋆

A new commandment I give unto you, That ye love one another; as I have loved you, that ye also love one another.

⋆Johannes 13:34⋆

Ett nytt bud giver jag eder, att I skolen älska varandra; ja, såsom jag har älskat eder, så skolen ock I älska varandra.

(A new commandment I give unto you, That ye love one another; as I have loved you, that ye also love one another.)

Vocabulary

ett - a/an/one

nytt - new

bud - commandment

giver - give

jag - I

eder - you (plural/formal)

att - that/to

i - you (plural)

skolen - shall

älska - love

varandra - each other

ja - yes

såsom - as/just as

har - have/has

älskat - loved

så - so

ock - also

✝

A new commandment I give unto you, That ye love one another; as I have loved you, that ye also love one another.

Ett nytt bud giver jag eder, att I skolen älska varandra; ja, såsom jag har älskat eder, så skolen ock I älska varandra.

⋆1 Corinthians 13:2⋆

And though I have the gift of prophecy, and understand all mysteries, and all knowledge; and though I have all faith, so that I could remove mountains, and have not charity, I am nothing.

⋆1 Korinthierbrevet 13:2⋆

Och om jag hade profetians gåva och visste alla hemligheter och ägde all kunskap, och om jag hade all tro, så att jag kunde förflytta berg, men icke hade kärlek, så vore jag intet.

(And if I have the gift of prophecy, and understand all mysteries and all knowledge, and if I have all faith, so that I could move mountains, but do not have love, I am nothing.)

Vocabulary

och - and

om - if

jag - I

hade - had

profetians - of prophecy

gåva - gift

och - and

visste - knew

alla - all

hemligheter - secrets

och - and

ägde - possessed/owned

all - all

kunskap - knowledge

och - and

om - if

jag - I

hade - had

all - all

tro - faith

så - so

att - that

kunde - could

förflytta - move

berg - mountains

men - but

icke - not

hade - had

kärlek - love

vore - would be

intet - nothing

✝

And though I have the gift of prophecy, and understand all mysteries, and all knowledge; and though I have all faith, so that I could remove mountains, and have not charity, I am nothing.

Och om jag hade profetians gåva och visste alla hemligheter och ägde all kunskap, och om jag hade all tro, så att jag kunde förflytta berg, men icke hade kärlek, så vore jag intet.

Love 4

⋆Ephesians 4:2-3⋆

2 With all lowliness and meekness, with longsuffering, forbearing one another in love;

3 Endeavouring to keep the unity of the Spirit in the bond of peace.

⋆Efesierbrevet 4:2-3⋆

2 med all ödmjukhet och allt saktmod, med tålamod, så att I haven fördrag med varandra i kärlek.

(With all humility and gentleness, with patience, bearing with one another in love.)

3 och vinnläggen eder om att bevara Andens enhet genom fridens band:

(and endeavoring to keep the unity of the Spirit in the bond of peace)

Vocabulary

med - with

all - all

ödmjukhet - humility

och - and

allt - all

saktmod - gentleness

tålamod - patience

så - so

att - that

i - you (plural)

haven - have

fördrag - forbearance

varandra - each other

i - in

kärlek - love

och - and

vinnläggen - strive

eder - you (plural/formal)

om - about

att - to

bevara - preserve/keep

andens - of the Spirit

enhet - unity

genom - through

fridens - of peace

band - bond

✝

2 With all lowliness and meekness, with longsuffering, forbearing one another in love;

3 Endeavouring to keep the unity of the Spirit in the bond of peace.

2 med all ödmjukhet och
allt saktmod, med tålamod,
så att I haven fördrag med
varandra i kärlek
3 och vinnläggen eder om att
bevara Andens enhet
genom fridens band:

⋆1 Corinthians 13:4-7⋆

4 Charity suffereth long, and is kind; charity envieth not; charity vaunteth not itself, is not puffed up,

5 Doth not behave itself unseemly, seeketh not her own, is not easily provoked, thinketh no evil;

6 Rejoiceth not in iniquity, but rejoiceth in the truth;

7 Beareth all things, believeth all things, hopeth all things, endureth all things.

⋆1 Korinthierbrevet 13:4-7⋆

4 Kärleken är tålig och mild. Kärleken avundas icke, kärleken förhäver sig icke, den uppblåses icke. (Love is patient and kind. Love does not envy, love does not boast, is not puffed up.)

5 Den skickar sig icke ohöviskt, den söker icke sitt, den förtörnas icke, den hyser icke agg för en oförrätts skull. (It does not behave itself unseemly, does not seek its own, is not provoked, does not keep a record of wrongs.)

6 Den gläder sig icke över orättfärdigheten, men har sin glädje i sanningen. (It does not rejoice in unrighteousness, but rejoices in the truth.)

7 Den fördrager allting, den tror allting, den hoppas allting, den uthärdar allting. (It bears all things, believes all things, hopes all things, endures all things.)

Vocabulary

kärleken - love

är - is

tålig - patient

och - and

mild - kind

avundas - envies

icke - not

förhäver - boasts

sig - itself

den - it

uppblåses - is puffed up

skickar - behaves

ohöviskt - rudely

söker - seeks

sitt - its own

förtörnas-is easily angered

hyser - harbors

agg - resentment

en - a/an/one

oförrätts - wrong/injustice

skull - sake

gläder - rejoices

över - over/in

orättfärdigheten-
unrighteousness

men - but

har - has

sin - its

glädje - joy

i - in

sanningen - the truth

fördrager - bears

allting - all things

tror - believes

hoppas - hopes

uthärdar - endures

†

4 Charity suffereth long, and
is kind; charity envieth not;
charity vaunteth not itself, is
not puffed up,
5 Doth not behave itself
unseemly, seeketh not her own,
is not easily provoked, thinketh
no evil;
6 Rejoiceth not in iniquity,
but rejoiceth in the truth;

7 Beareth all things,
believeth all things, hopeth all
things, endureth all things.

4 Kärleken är tålig och mild.
Kärleken avundas icke,
kärleken förhäver sig icke, den
uppblåses icke.
5 Den skickar sig icke ohöviskt,
den söker icke sitt, den förtörnas
icke, den hyser icke agg för en

orätts skull.

6 Den gläder sig icke över
orättfärdigheten, men har sin
glädje i sanningen.

7 Den fördrager allting, den
tror allting, den hoppas allting,
den uthärdar allting.

Bible Verses About Redemption

⋆John 3:16⋆

For God so loved the world, that he gave his only begotten Son, that whosoever believeth in him should not perish, but have everlasting life.

⋆Johannes 3:16⋆

Ty så älskade Gud världen, att han utgav sin enfödde Son, på det att var och en som tror på honom skall icke förgås, utan hava evigt liv.

(For God so loved the world that he gave his only begotten Son, that whoever believes in him should not perish but have eternal life.)

Vocabulary

ty - for/because

så - so

älskade - loved

Gud - God

världen - the world

att - that

han - he

utgav - gave

sin - his

enfödde - only begotten

Son - Son

på det att - so that

var - each/every

och - and

en - one

som - who

tror - believes

på - in/on

honom - him

skall - shall/will

icke - not

förgås - perish

utan - but

hava - have

evigt - eternal

liv - life

✝

For God so loved the world, that he gave his only begotten Son, that whosoever believeth in him should not perish, but have everlasting life.

Ty så älskade Gud världen, att han utgav sin enfödde Son, på det att var och en som tror på honom skall icke förgås, utan hava evigt liv.

⋆Ephesians 2:8⋆

For by grace are ye saved through faith; and that not of yourselves: it is the gift of God:

⋆Efesierbrevet 2:8⋆

Ty av nåden ären I frälsta genom tro -- och det icke av eder själva, Guds gåva är det.

(For by grace you have been saved through faith - and that not of yourselves, it is the gift of God.)

Vocabulary

ty - for/because

av - by/of

nåden - grace

ären - are

I - you (plural)

frälsta - saved

genom - through

tro - faith

och - and

det - it

icke - not

eder - yourselves (plural)

själva - selves

Guds - God's

gåva – gift

✝

For by grace are ye saved through faith; and that not of yourselves: it is the gift of God:

Ty av nåden ären I frälsta genom tro – och det icke av eder själva, Guds gåva är det.

⋆ Ephesians 1:7 ⋆

In whom we have redemption through his blood, the forgiveness of sins, according to the riches of his grace;

⋆ Efesierbrevet 1:7⋆

I honom hava vi förlossning genom hans blod, förlåtelse för våra synder, efter hans nåds rikedom.

(In him we have redemption through his blood, forgiveness for our sins, according to the riches of his grace.)

Vocabulary

I – in

honom – him

hava – have (archaic form of “har”)

vi – we

förlossning – redemption

genom – through

hans – his

blod – blood

förlåtelse – forgiveness

för – for

våra – our

synder – sins

efter – according to / after

nåd – grace

nås – *(genitive form of nåd → “grace’s”)

rikedom – riches, wealth

✝

In whom we have redemption through his blood, the forgiveness of sins, according to the riches of his grace;

I honom hava vi förlossning genom hans blod, förlåtelse för våra synder, efter hans nåds rikedom.

⋆Matthew 7:13-14⋆

13 Enter ye in at the strait gate: for wide is the gate, and broad is the way, that leadeth to destruction, and many there be which go in thereat:

14 Because strait is the gate, and narrow is the way, which leadeth unto life, and few there be that find it.

⋆Matteus 7:13-14⋆

13 gån in genom den trånga porten. Ty vid och bred är den väg som leder till fördärvet, och många äro de som gå fram på den;

(Enter in at the narrow gate: for wide is the gate, and broad is the way, that leadeth to destruction, and many there be which go in thereat;)

14 och den port är trång och den väg är smal, som leder till livet, och få äro de som finna den.

(Because strait is the gate, and narrow is the way, which leadeth unto life, and few there be that find it.)

Vocabulary

gån - go (imperative)

in - in

genom - through

den - the/that

trånga - narrow

porten - gate

ty - for/because

vid - wide

och - and

bred - broad

är - is/are

väg - way/path

som - that/which

leder - leads

till - to

fördärvet - destruction

många - many

äro - are

de - they/those

gå - go/walk

fram - forward

på - on

smal - narrow

livet - life

få - few

finna - find

✝

13 Enter ye in at the strait
gate: for wide is the gate, and
broad is the way, that leadeth
to destruction, and many there
be which go in thereat:
14 Because strait is the gate,
and narrow is the way, which
leadeth unto life, and few there
be that find it.

13 Gån in genom den trånga porten. Ty vid och bred är den väg som leder till fördärvet, och många äro de som gå fram på den;

14 och den port är trång och den väg är smal, som leder till livet, och få äro de som finna den.

⋆John 14:6⋆

Jesus saith unto him, I am the way, the truth, and the life: no man cometh unto the Father, but by me.

⋆Johannes 14:6⋆

Jesus svarade honom: Jag är vägen och sanningen och livet; ingen kommer till Fadern utom genom mig.

(Jesus answered him, “I am the way, the truth, and the life; no one comes to the Father except through me.”)

Vocabulary

Jesus - Jesus

svarade - answered

honom - him

jag - I

är - am/is/are

vägen - the way

och - and

sanningen - the truth

livet - the life

ingen - no one

kommer - comes

till - to

Fadern - the Father

utom - except

genom - through

mig - me

✝

Jesus saith unto him, I am the way, the truth, and the life: no man cometh unto the Father, but by me.

Jesus svarade honom: Jag är vägen och sanningen och livet: ingen kommer till Fadern utom genom mig.

⋆Romans 6:23⋆

For the wages of sin is death; but the gift of God is eternal life through Jesus Christ our Lord.

⋆Romabrevet 6:23⋆

Ty den lön som synden giver är döden, men den gåva som Gud av nåd giver är evigt liv, i Kristus Jesus, vår Herre.

(For the wages of sin is death, but the gift of God is eternal life in Christ Jesus our Lord.)

Vocabulary

ty - for/because

den - the/that

lön - wage/reward

som - that/which

synden - sin (the sin)

giver - gives

är - is/are

döden - death

men - but

gåva - gift

Gud - God

av - of/by

nåd - grace

evigt - eternal

liv - life

i - in

Kristus - Christ

Jesus - Jesus

vår - our

Herre - Lord

✝

For the wages of sin is death: but the gift of God is eternal life through Jesus Christ our Lord.

Ty den lön som synden giver är döden, men den gåva som Gud av nåd giver är evigt liv, i Kristus Jesus vår Herre.

Bible Verses About Faith

Faith 1

⋆Psalms 16:8⋆

I have set the LORD always before me: because he is at my right hand, I shall not be moved.

⋆Psaltaren 16:8⋆

Jag har haft HERREN för mina ögon alltid; ja, han är på min högra sida, jag skall icke vackla.

(I have set the LORD always before mine eyes; for he is at my right hand, that I shall not be moved.)

Vocabulary

jag - I	han - he
har - have	är - is/are
haft - had	på - on/at
HERREN - the LORD	min - my
för - before/for	högra - right (side)
mina - my	sida - side
ögon - eyes	skall - shall/will
alltid - always	icke - not
ja - yes/indeed	vackla - waver/be shaken

✝

I have set the LORD always before me: because he is at my right hand, I shall not be moved.

Jag har haft HERREN för mina ögon alltid; ja, han är på min högra sida, jag skall icke vackla.

⋆Psalms 23:1-6⋆

1 The LORD is my shepherd; I shall not want.

2 He maketh me to lie down in green pastures: he leadeth me beside the still waters.

3 He restoreth my soul: he leadeth me in the paths of righteousness for his name's sake.

4 Yea, though I walk through the valley of the shadow of death, I will fear no evil: for thou art with me; thy rod and thy staff they comfort me.

5 Thou preparest a table before me in the presence of mine enemies: thou anointest my head with oil; my cup runneth over.

6 Surely goodness and mercy shall follow me all the days of my life: and I will dwell in the house of the LORD for ever.

⋆Psaltaren 23:1-6⋆

1 HERREN är min herde, mig skall intet fattas, (The LORD is my shepherd, I shall not want.)

2 han låter mig vila på gröna ängar; han för mig till vatten där jag finner ro, (He makes me lie down in green pastures; he leads me beside still waters.)

3 han vederkvicker min själ; han leder mig på rätta vägar, för sitt namns skull. (He restores my soul; he leads me in paths of righteousness for his name's sake.)

4 Om jag ock vandrar i dödsskuggans dal, fruktar jag intet ont, ty du är med mig; din käpp och stav, de trösta mig. (Even though I walk through the valley of the shadow of death, I will fear no evil, for you are with me; your rod and your staff, they comfort me.)

5 Du bereder för mig ett bord i mina ovänners åsyn; du smörjer mitt huvud med olja och låter min bägare flöda över. (You prepare a table before me in the presence of my enemies; you anoint my head with oil; my cup overflows.)

6 Godhet allenast och nåd skola följa mig i alla mina livsdagar, och jag skall åter få bo i HERRENS hus, evinnerligen. (Surely goodness and mercy will follow me all the days of my life, and I will dwell in the house of the LORD forever.)

Vocabulary

HERREN - the LORD

är - is/are

min - my

herde - shepherd

mig - me

skall - shall/will

intet - nothing

fattas - lack/be missing

han - he

låter - lets/allows

vila - rest

på - on

gröna - green

ängar - meadows

för - for/before

till - to

vatten - water

där - where

finner - finds

ro - peace/rest

vederkvicker - refreshes/restores

själ - soul

leder - leads

rätta - right/correct

vägar - paths/ways

sitt - his

namns - name's

skull - sake

om - if/about

ock - also/even

vandrar - walk

dödsskuggans - shadow of death

dal - valley

fruktar - fear

ont - evil/harm

ty - for/because

du - you

med - with

min - my

käpp - rod/staff

stav - staff

de - they

trösta - comfort

bereder - prepare

bord - table

i - in

ovänners - enemies'

åsyn – presence

smörjer - anoint

huvud - head

olja - oil

låter - lets/allows

bägare - cup

flöda - overflow

över - over

godhet - goodness

allenast - only

nåd - grace/mercy

skola - shall

följa - follow

alla - all

livsdagar - days of life

åter - again

bo - dwell

HERRENS - the LORD's

hus - house

evinnerligen - forever

✝

1 The LORD is my
shepherd; I shall not want.
2 He maketh me to lie down in
green pastures: he leadeth me
beside the still waters.
3 He restoreth my soul: he
leadeth me in the paths of
righteousness for his name's sake.
4 Yea, though I walk through
the valley of the shadow of death,

I will fear no evil: for thou art
with me; thy rod and thy staff
they comfort me.
5 Thou preparest a table before
me in the presence of mine
enemies: thou anointest my head
with oil; my cup runneth over.
6 Surely goodness and mercy
shall follow me all the days of
my life: and I will dwell in the
house of the LORD for ever.

1 En psalm av David.
HERREN är min herde,
mig skall intet fattas.

2 han låter mig vila på gröna
ängar; han för mig till vatten
där jag finner ro.

3 han vederkvicker min själ; han
leder mig på rätta vägar, för sitt
namns skull.

4 Om jag ock vandrar i
dödsskuggans dal, fruktar jag

intet ont, ty du är med mig; din
käpp och stav, de trösta mig.
5 Du bereder för mig ett bord i
mina ovänners åsyn; du smörjer
mitt huvud med olja och låter
min bägare flöda över.
6 Godhet allenast och nåd skola
följa mig i alla mina livsdagar,
och jag skall åter få bo i
HERRENS hus
evinnerligen.

Faith 3

⋆Isaiah 41:10⋆

Fear thou not; for I am with thee: be not dismayed; for I am thy God: I will strengthen thee; yea, I will help thee; yea, I will uphold thee with the right hand of my righteousness.

⋆Jesaja 41:10⋆

frukta icke, ty jag är med dig; var ej försagd, ty jag är din Gud. Jag styrker dig, jag hjälper dig ock, jag uppehåller dig med min rättfärdighets högra hand.

(Fear not, for I am with you; be not dismayed, for I am your God. I will strengthen you, I will help you, I will uphold you with the right hand of my righteousness.)

Vocabulary

frukta – fear

icke – not

ty – for, because

jag – I

är – am

med – with

dig – you

var – be

ej – not

försagd – dismayed, discouraged

din – your

Gud – God

styrker – strengthen

hjälper – help

ock – also

uppehåller – uphold, sustain

rättfärdighets – righteousness

högra – right (side)

hand – hand

✝

Fear thou not; for I am with thee: be not dismayed; for I am thy God: I will strengthen thee; yea, I will help thee; yea, I will uphold thee with the right hand of my righteousness.

frukta icke, ty jag är med dig; var ej försagd, ty jag är din Gud. Jag styrker dig, jag hjälper dig ock, jag uppehåller dig med min rättfärdighets högra hand.

Faith 4

⋆Mark 11:24⋆

Therefore I say unto you, What things soever ye desire, when ye pray, believe that ye receive them, and ye shall have them.

⋆Markus 11:24⋆

Därför säger jag eder: Allt vad I bedjen om och begären, tron att det är eder givet; och det skall ske eder så.

(Therefore I say to you, whatever you ask for and desire, believe that you have received it, and it will be yours.)

Vocabulary

därför – therefore

säger – say

jag – I

eder – you (plural, old form)

allt – everything, all

vad – what

I – you (plural, old form)

bedjen – pray (old form of "ber")

om – about, for

och – and

begären – ask, request (old form of "begär")

tron – believe

att – that

det – it

är – is

givet – given

skall – shall, will

ske – happen, be done

så – so, thus

✝

Therefore I say unto you, What things soever ye desire, when ye pray, believe that ye receive them, and ye shall have them.

Därför säger jag eder: Allt vad I bedjen om och begären, tron att det är eder givet; och det skall ske eder så.

⋆Hebrews 11:1⋆

Now faith is the substance of things hoped for, the evidence of things not seen.

⋆Hebreerbrevet 11:1⋆

Men tron är en fast tillförsikt om det som man hoppas, en övertygelse om ting som man icke ser.

(But faith is the assurance of things hoped for, the conviction of things not seen.)

Vocabulary

men – but

tron – faith

är – is

en – a

fast – firm, solid

tillförsikt – confidence, assurance

om – about, concerning

det – it, that

som – that, which

man – one, people

hoppas – hopes

en – a

övertygelse – conviction

ting – things

icke – not

ser – sees

✝

Now faith is the substance of things hoped for, the evidence of things not seen.

Men tron är en fast tillförsikt om det som man hoppas, en övertygelse om ting som man icke ser..

Faith 6

⋆James 1:6⋆

But let him ask in faith, nothing wavering. For he that wavereth is like a wave of the sea driven with the wind and tossed.

⋆Jakobsbrevet 1:6⋆

Men han bedje i tro, utan att tvivla; ty den som tvivlar är lik havets våg, som drives omkring av vinden och kastas hit och dit.

(But let him ask in faith, nothing wavering; for he who wavers is like a wave of the sea driven and tossed by the wind,)

Vocabulary

men – but

han – he

bedje – prays

i – in

tro – faith

utan – without

att – that, to

tvivla – doubt

ty – for, because

den – the

som – who, that

tvivlar – doubts

är – is

lik – like

havets – of the sea

våg – wave

som – which

drives – is driven

omkring – around

av – by

vinden – the wind

och – and

kastas – is tossed

hit – here

och – and

dit – there

✝

But let him ask in faith, nothing wavering. For he that wavereth is like a wave of the sea driven with the wind and tossed.

Men han bedje i tro, utan att tvivla; ty den som tvivlar är lik havets våg, som drives omkring av vinden och kastas hit och dit.

⊰ ——— *Faith 7* ——— ⊱

⋆Mark 9:23⋆

Jesus said unto him, If thou canst believe, all things are possible to him that believeth.

⋆Markus 9:23⋆

Då sade Jesus till honom: Om jag förmår, säger du. Allt förmår den som tror.

(Then Jesus said to him, “If I can, you say so. All things are possible to him who believes.”)

Vocabulary

då – then

sade – said

Jesus – Jesus

till – to

honom – him

om – if

jag – I

förmår – am able

säger – say

du – you

allt – everything

förmår – is able

den – the

som – who, that

tror – believes

✝

Jesus said unto him, If thou canst believe, all things are possible to him that believeth.

Då sade Jesus till honom: Om jag förmår, säger du. Allt förmår den som tror.

⋆Hebrews 11:6⋆

But without faith it is impossible to please him: for he that cometh to God must believe that he is, and that he is a rewarder of them that diligently seek him.

⋆Hebreerbrevet 11:6⋆

men utan tro är det omöjligt att täckas Gud. Ty den som vill komma till Gud måste tro att han är till, och att han lönar dem som söka honom.

(But without faith it is impossible to please God. For whoever would come to God must believe that he is, and that he is a rewarder of those who diligently seek him.)

Vocabulary

men – but

utan – without

tro – faith

är – is

det – it

omöjligt – impossible

att – to

täckas – please, be pleased

Gud – God

ty – for, because

den – the

som – who

vill – wants

komma – come

till – to

måste – must

tro – believe

att – that

han – he

är – is

till – exists

och – and

att – that

han – he

lönar – rewards

dem – them

som – who

söka – seek

honom – him

✝

But without faith it is impossible to please him: for he that cometh to God must believe that he is and that he is a rewarder of them that diligently seek him.

men utan tro är det omöjligt att täckas Gud. Ty den som vill komma till Gud måste tro att han är till, och att han lönar dem som söka honom.

⋆1 John 5:4⋆

For whatsoever is born of God overcometh the world: and this is the victory that overcometh the world, even our faith.

⋆ 1 Johannesbrevet 5:4⋆

Ty allt som är fött av Gud, det övervinner världen; och detta är den seger som har övervunnit världen: vår tro.

(For whatever is born of God overcomes the world; and this is the victory that has overcome the world: our faith.)

Vocabulary

ty – for, because

allt – everything

som – that, which

är – is

fött – born

av – of

Gud – God

det – it

övervinner – overcomes

världen – the world

och – and

detta – this

den – the

seger – victory

som – that

har – has

övervunnit – overcome

världen – the world

vår – our

tro – faith

†

For whatsoever is born of God overcometh the world: and this is the victory that overcometh the world, even our faith.

Ty allt som är fött av Gud, det övervinner världen; och detta är den seger som har övervunnit världen: vår tro.

⸻ Faith 10 ⸻

⋆James 1:2-3⋆

2 My brethren, count it all joy when ye fall into divers temptations;

3 Knowing this, that the trying of your faith worketh patience.

⋆Jakobsbrevet 1:2-3⋆

2 Mina bröder, hållen det för idel glädje, när I kommen i allahanda frestelser,

(My brothers, count it all joy when you fall into various trials,)

3 och veten, att om eder tro håller provet, så verkar detta ståndaktighet.

(knowing that the testing of your faith produces perseverance.)

Vocabulary

mina – my

bröder – brothers

hållen – consider

det – it

för – for

idel – pure, complete

glädje – joy

när – when

I – you (plural)

kommen – come

i – in

allahanda – various kinds

frestelser – temptations

och – and

veten – know

att – that

om – if

eder – your

tro – faith

håller – holds

provet – the test

så – so

verkar – produces

detta – this

ståndaktighet – endurance

✝

My brethren, count it all joy when ye fall into divers temptations; Knowing this, that the trying of your faith worketh patience.

Mina bröder, hållen det för idel glädje, när I kommen i allahanda frestelser, och veten, att om eder tro håller provet, så verkar detta ståndaktighet.

Bible Verses About Blessing

Blessing 1

⋆2 Thessalonians 3:16⋆

Now the Lord of peace himself give you peace always by all means. The Lord be with you all.

⋆ 2 Thessalonikerbr. 3:16⋆

Men fridens Herre själv give eder sin frid alltid och på allt sätt. Herren vare med eder alla.

(Now the Lord of peace himself give you peace always and in every way. The Lord be with you all.)

Vocabulary

men – but

fridens – of peace

Herre – Lord

själv – himself

give – give

eder – you (plural)

sin – his

frid – peace

alltid – always

och – and

på – in, on

allt – all

sätt – ways

Herren – The Lord

vare – be

med – with

alla – all

✝

Now the Lord of peace himself give you peace always by all means. The Lord be with you all.

Men fridens Herre själv give eder sin frid alltid och på allt sätt. Herren vare med eder alla.

⋆Ephesians 3:20⋆

Now unto him that is able to do exceeding abundantly above all that we ask or think, according to the power that worketh in us,

⋆Efesierbrevet 3:20⋆

Men honom, som förmår göra mer, ja, långt mer än allt vad vi bedja eller tänka, efter den kraft som är verksam i oss,

(Now to him who is able to do immeasurably more than all we ask or think, according to the power that is at work within us,)

Vocabulary

men – but

honom – him

som – who

förmår – is able

göra – to do

mer – more

ja – yes

långt – far

än – than

allt – all

vad – what

vi – we

bedja – ask

eller – or

tänka – think

efter – according to

den – the

kraft – power

som – that

är – is

verksam – working

i – in

oss – us

✝

Now unto him that is able to do exceeding abundantly above all that we ask or think, according to the power that worketh in us

Men honom, som förmår göra mer, ja, långt mer än allt vad vi bedja eller tänka, efter den kraft som är verksam i oss.

⋆Genesis 12:3⋆

And I will bless them that bless thee, and curse him that curseth thee: and in thee shall all families of the earth be blessed.

⋆1 Mosebok 12:3⋆

Och jag skall välsigna dem som välsigna dig, och den som förbannar dig skall jag förbanna, och i dig skola alla släkter på jorden varda välsignade.

(And I will bless those who bless you, and whoever curses you I will curse, and in you all the families of the earth will be blessed.)

Vocabulary

och – and

jag – I

skall – shall

välsigna – bless

dem – them

som – who

välsigna – bless

dig – you

den – the

som – who

förbannar – curses

dig – you

skall – shall

jag – I

förbanna – curse

och – and

i – in

dig – you

skola – shall

alla – all

släkter – families

på – on

jorden – earth

varda – become

välsignade – blessed

✝

And I will bless them that bless thee, and curse him that curseth thee: and in thee shall all families of the earth be blessed.

Och jag skall välsigna dem som välsigna dig, och den som förbannar dig skall jag förbanna, och i dig skola alla släkter på jorden varda välsignade.

Bible Verses About Wisdom

⋆Ecclesiastes 2 :13⋆

Then I saw that wisdom excelleth folly, as far as light excelleth darkness.

⋆ Predikaren 2:13⋆

då insåg jag att visheten väl har samma företräde framför dårskapen, som ljuset har framför mörkret:

(Then I realized that wisdom has the same advantage over foolishness as light has over darkness:)

Vocabulary

då – then

insåg – realized

jag – I

att – that

visheten – wisdom

väl – indeed

har – has

samma – the same

företräde – precedence

framför – over

dårskapen – foolishness

som – as

ljuset – light

har – has

framför – over

mörkret – darkness

✝

Then I saw that wisdom excelleth folly, as far as light excelleth darkness.

da insåg jag att visheten väl har samma företräde framför dårskapen, som ljuset har framför mörkret:

⋆Ecclesiastes 7:5⋆

It is better to hear the rebuke of the wise, than for a man to hear the song of fools.

⋆ Predikaren 7:5⋆

Bättre är att höra förebråelser av en vis man än att få höra sång av dårar.

(It is better to hear the rebuke of a wise man than to hear the song of fools.)

Vocabulary

bättre – better

är – is

att – to

höra – hear

förebråelser – rebukes

av – from

en – a

vis – wise

man – man

än – than

att – to

få – receive

höra – hear

sång – song

av – from

dårar – fools

✝

It is better to hear the rebuke of the wise, than for a man to hear the song of fools.

Bättre är att höra förebråelser av en vis man än att få höra sång av dårar.

⋆Ecclesiastes 7:8-9⋆

8 Better is the end of a thing than the beginning thereof: and the patient in spirit is better than the proud in spirit.

9 Be not hasty in thy spirit to be angry: for anger resteth in the bosom of fools.

⋆ Predikaren 7:8-9⋆

8 Bättre är slutet på en sak än dess begynnelse; bättre är en tålmodig man än en högmodig.

(Better is the end of a matter than its beginning: better is a patient man than a proud man.)

9 Var icke för hastig i ditt sinne till att gräma dig, ty grämelse bor i dårars bröst.

(Be not hasty in thy spirit to be grieved: for grief resteth in the bosom of fools.)

Vocabulary

bättre – better

är – is

slutet – the end

på – of

en – a

sak – thing

än – than

dess – its

begynnelse – beginning

bättre – better

tålmodig – patient

man – man

än – than

högmodig – proud

var – be

icke – not

för – too

hastig – quick

i – in

ditt – your

sinne – mind

till – to

att – to

gräma – be angry

dig – yourself

ty – for

grämelse – anger

bor – dwells

dårars – fools'

bröst – hearts

✝

8 Better is the end of a
thing than the beginning
thereof: and the patient in
spirit is better than the proud
in spirit.
9 Be not hasty in thy
spirit to be angry: for anger
resteth in the bosom of fools.

8 Bättre är slutet på en sak
än dess begynnelse; bättre är
en tålmodig man än en
högmodig.
9 Var icke för hastig i ditt
sinne till att gräma dig, ty
grämelse bor i dårars bröst.

⋆Ecclesiastes 7:11⋆

Wisdom is good with an inheritance: and by it there is profit to them that see the sun.

⋆ Predikaren 7:11⋆

Jämgod med arvgods är vishet, ja, hon är förmer i värde för dom som se solen.

(Wisdom is as valuable as an inheritance; yes, she is more valuable to those who see the sun.)

Vocabulary

jämgod – equal

med – with

arvgods – inheritance

är – is

vishet – wisdom

ja – yes/indeed

hon – she (referring to wisdom)

förmer – superior

i – in

värde – value

för – for

dom – those

som – who

se – see

solen – the sun

✝

Wisdom is good with an inheritance: and by it there is profit to them that see the sun.

Jämgod med arvgods är vishet, ja, hon är förmer i värde för dom som se solen.

⋆Ecclesiastes 7:13-14⋆

13 Consider the work of God: for who can make that straight, which he hath made crooked?

14 In the day of prosperity be joyful, but in the day of adversity consider: God also hath set the one over against the other, to the end that man should find nothing after him.

⋆ Predikaren 7:13-14⋆

13 Se på Guds verk; vem kan göra rakt vad han har gjort krokigt?

(Consider the work of God: who can make straight what he has made crooked?)

14 Var alltså vid gott mod under den goda dagen, och betänk under den onda dagen att Gud har gjort denna såväl som den andra, för att människan icke skall kunna utfinna något om det som skall ske, när hon är borta.

(Therefore be of good cheer in the day of prosperity, and in the day of adversity consider that God has made this day as well as the other, so that man will not be able to find out anything about what will happen after he is gone)

Vocabulary

se – look

på – at

Guds – God's

verk – work

vem – who

kan – can

göra – make

rakt – straight

vad – what

har – has

krokigt – crooked

alltså – therefore

vid – in

gott mod – good cheer

under – during

goda – good

dagen – day

betänk – consider

onda – bad/evil

att – that

såväl som – as well as

andra – the other

för att – so that

människan – man/human

icke – not

skall – shall

kunna – be able to

utfinna – find out

något – anything

om – about

ske – happen

borta – gone

✝

13 Consider the work of God:
for who can make that straight,
which he hath made crooked?
14 In the day of prosperity be
joyful, but in the day of
adversity consider: God also
hath set the one over against the
other, to the end that man
should find nothing after him.
13 Se på Guds verk; vem

kan göra rakt vad han har
gjort krokigt?
14 Var alltså vid gott mod
under den goda dagen, och
betänk under den onda dagen
att Gud har gjort denna
såväl som den andra, för att
människan icke skall kunna
utfinna något om det som skall
ske, när hon är borta.

⋆Ecclesiastes 9: 4⋆

For to him that is joined to all the living there is hope: for a living dog is better than a dead lion.

⋆ Predikaren 9:4⋆

För den som utkoras att vara i de levandes skara finnes ju ännu något att hoppas; ty bättre är att vara en levande hund än ett dött lejon.

(For those who are chosen to be among the living, there is still hope; for it is better to be a living dog than a dead lion.)

Vocabulary

för – for

den – the one

som – who

utkoras – is chosen

att vara – to be

i – in

de – the

levandes – living's

skara – group

finnes – there is

ju – indeed

ännu – still

ågot – something

att hoppas – to hope

ty – for/because

bättre – better

är – is

att vara – to be

en – a

levande – living

hund – dog

än – than

dött – dead

lejon – lion

✝

For to him that is joined to all the living there is hope: for a living dog is better than a dead lion.

För den som utkoras att vara i de levandes skara finnes ju ännu något att hoppas; ty bättre är att vara en levande hund än ett dött lejon.

⋆Ecclesiastes 9:17-18⋆

17 The words of wise men are heard in quiet more than the cry of him that ruleth among fools.

18 Wisdom is better than weapons of war: but one sinner destroyeth much good.

⋆ Predikaren 9:17-18⋆

17 De vises ord, om de ock höras helt stilla, äro förmer än allt ropande av en dårarnas överste.

(The words of the wise, though they be heard in silence, are better than all the shouting of a leader of fools.)

18 Bättre är vishet än krigsredskap; ty en enda som felar kan fördärva mycket gott.

(Wisdom is better than weapons of war: for one erring man can destroy much good.)

Vocabulary

de – the

vises – wise's

ord – words

om – if

de – they

ock – also

höras – are heard

helt – completely

stilla – still/silent

äro – are

förmer – superior

än – than

allt – all

ropande – shouting

av – of

en – a

dårarnas – fools'

överste – chief/leader

Bättre – better

är – is

vishet – wisdom

än – than

krigsredskap – weapons of war

ty – for/because

en – one

enda – single

som – who

felar – makes a mistake

kan – can

fördärva – ruin/destroy

mycket – much

gott – good

✝

17 The words of wise men
are heard in quiet more than
the cry of him that ruleth
among fools.
18 Wisdom is better than
weapons of war: but one
sinner destroyeth much good.

17 De vises ord, om de ock
höras helt stilla, äro förmer
än allt ropande av en
dårarnas överste.

18 Bättre är vishet än
krigsredskap; ty en enda som
felar kan fördärva mycket
gott..

⋆Ecclesiastes 12:1-2⋆

1 Remember now thy Creator in the days of thy youth, while the evil days come not, nor the years draw nigh, when thou shalt say, I have no pleasure in them;

2 While the sun, or the light, or the moon, or the stars, be not darkened, nor the clouds return after the rain:

⋆ Predikaren 12:1-2⋆

1 Så tänk då på din Skapare i din ungdomstid, förrän de onda dagarna komma och de år nalkas, om vilka du skall säga: Jag finner icke behag i dem

(Remember now your Creator in the days of your youth, before the evil days come and the years draw near when you will say, "I have no pleasure in them.")

2 Ja, förrän solen bliver förmörkad, och dagsljuset och månen och stjärnorna; före den ålder då molnen komma igen efter regnet,

(Before the sun is darkened, and the light, the moon, and the stars, and before the age when the clouds return after the rain,)

Vocabulary

så – so

tänk – think

på – about/on

din – your

Skapare – Creator

i – in

ungdomstid – youth

förrän – before

onda – evil/bad

dagarna – days

komma – come

år – years

nalkas – approach

vilka – which

skall – shall

säga – say

finner – find

behag – pleasure

dem – them

Ja – Yes

solen – sun

bliver – becomes

förmörkad – darkened

dagsljuset – daylight

månen – moon

stjärnorna – stars

ålder – age

då – when

molnen – clouds

igen – again

efter – after

regnet – rain

✝

1 Remember now thy
Creator in the days of thy
youth, while the evil days come
not, nor the years draw nigh,
when thou shalt say, I have
no pleasure in them;

2 While the sun, or the light,
or the moon, or the stars, be not
darkened, nor the clouds return
after the rain:

1 Så tänk då på din Skapare
i din ungdomstid, förrän de
onda dagarna komma och de år
nalkas, om vilka du skall säga:
»Jag finner icke behag i dem»;
2 Ja, förrän solen bliver
förmörkad, och dagsljuset och
månen och stjärnorna; före den
ålder då molnen komma igen
efter regnet.

Printed in Dunstable, United Kingdom

63424545R00117